LA GUERRE ET LA PAIX,

COMÉDIE EN TROIS ACTES;

IMITÉE DE L'ITALIEN DE GOLDONI

PAR M. NYON,

AVEC DES COUPLETS, PAR M. CHAZET;

Représentée, pour la première fois, sur le théâtre des Variétés-Étrangères, le 18 juillet 1807.

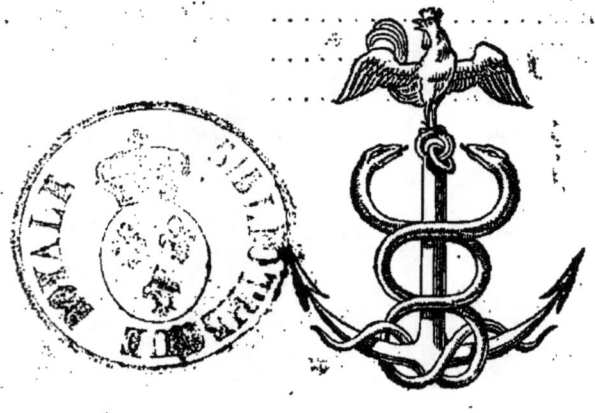

A PARIS,

CHEZ ANTOINE-AUGUSTIN RENOUARD,
RUE SAINT-ANDRÉ-DES-ARCS, n° 55.

M DCCC VII.

PERSONNAGES,	ACTEURS
	MM.
Don ÉGIDE, gouverneur du château.	Barthélemy.
Le GÉNÉRAL commandant les assaillants.	Clément.
Le comte CLAUDE, colonel.............	Picard.
Le chevalier de SAINT-FAUSTIN, capit.	Thénard.
FERDINAND, capitaine...............	Guénée.
GASPARD, officier invalide...........	Grandville.
FABRICE, aide-de-camp du GÉNÉRAL.	Frenois.
POLIDOR, fournisseur de l'armée......	Henri.
JOSEPH, valet de POLIDOR..........	Blondin.
Premier MARAUDEUR...............	Garnier.
Deuxième MARAUDEUR..............	
FLORINDE, fille de don ÉGIDE, prisonnière de guerre................	m{lle} Dacosta.
ASPASIE, fille de POLIDOR..........	m{lle} Clotilde.
LISETTE, paysanne.................	m{lle} Aldegonde.
URSELINE, vivandière.............	m{lle} S. Charles.
OFFICIERS et SOLDATS.............	

LA GUERRE ET LA PAIX.

ACTE PREMIER.

Le théâtre représente une salle de la maison de don Egide, occupée par le fournisseur Polidor. A droite est une table avec des bougies allumées. A gauche est une autre table, sur laquelle sont des bouteilles, des verres, etc. etc. (*La nuit.*)

SCÈNE PREMIÈRE.

FABRICE, *qui taille au pharaon*. LE COMTE CLAUDE, *qui ponte*. LE CHEVALIER DE SAINT-FAUSTIN, *assis loin de la table*. FERDINAND, *debout, va et vient*. DEUX OFFICIERS *qui pontent*. JOSEPH, *les servant*.

LE COMTE.

Paroli au sept.

FERDINAND, *au Comte, en s'approchant du jeu.*
Eh bien, Colonel! comment va le jeu?

LE COMTE, *à Ferdinand.*
Très bien ; j'ai gagné le paroli. (*au banquier.*) La

passe au valet. (*à Ferdinand.*) Tout à l'heure je le débanque. (*au banquier.*) La passe au valet ; j'ai gagné. Encore le valet et la double passe au roi ; entendez-vous, la double passe au roi.

FERDINAND.

Bravo, Comte !

LE COMTE.

Diable, j'ai perdu un beau coup.

FERDINAND.

Cela ne va pas si bien ?

LE COMTE.

Ce n'est rien... ce n'est rien ; je vais me venger tout à l'heure... Buvons un verre de Bourgogne pendant qu'il mêle les cartes.

FERDINAND, *à Joseph.*

Verse à boire, faquin.

JOSEPH.

Faquin ! Je suis Joseph, et non pas un faquin.

FERDINAND.

Tu es bien heureux que je te sauve la rime. (*au Comte.*) Vous verrez quel vin.

LE COMTE.

Chez un fournisseur, tout doit être bon. A propos, l'on te dit au mieux avec sa fille.

FABRICE, *au Comte.*

Colonel, la taille est faite.

LE COMTE.

Me voici. (*il achève de boire et court à la table.*) Dix sequins sur le sept.

JOSEPH, *en bâillant, à part.*

Ces militaires ne dorment donc jamais ! Mon pauvre

maître ne reconnoîtroit plus sa maison, s'il la voyoit ainsi bouleversée... Je ne conçois pas qu'on passe ainsi la nuit à jouer, quand, dans deux heures, on ira peut-être se faire casser la tête. Rien que d'y penser seulement, je tremble de tous mes membres.

LE COMTE.

Maudit sept! va le double sur le sept.

JOSEPH, *continuant.*

A la vérité je ne suis pas brave, moi ; aussi quand ils sont entrés dans ce village, tandis que don Égide, mon maître, alloit s'enfermer dans la forteresse, je courus me cacher à la cave, et j'y serois encore, si ma jeune maîtresse n'étoit venue m'y chercher, disant : « Ne crains « rien, mon cher Joseph, nous sommes prisonniers sur « parole. On ne nous fera aucun mal. Le général de « l'armée a pris son logement dans ma maison; il nous « préservera du pillage ». Pour nous en préserver, il ne falloit pas loger aussi dans cette maison un fournisseur ; oh ça, lui, il dispose du meilleur vin, de ce qu'il y a de plus rare ; il en fait les honneurs sans se gêner ; et sa fille donc ! elle est maîtresse ici, tandis que mademoiselle Florinde est étrangère dans sa propre maison ; et puis encore le général qui loge ici avec tous ses officiers.

LE COMTE.

Encore le troisième sept !.. Tous les sept sont contre moi.

FERDINAND, *à Saint-Faustin.*

Le Comte perd ; l'orage va commencer... Mais vous, Chevalier, qu'avez-vous? Pourquoi cet air triste et rêveur ?...

SAINT-FAUSTIN.

Je voudrois pouvoir vous imiter ; mais la gaieté est un don naturel qui ne se commande pas.

FERDINAND.

Avouez-le ; notre belle prisonnière est le sujet de votre mélancolie ?

SAINT-FAUSTIN.

Sans doute, je plains son sort, et...

FERDINAND.

Mon pauvre Chevalier ; je crois qu'un sentiment plus fort que la pitié parle pour elle au fond de votre cœur.

LE COMTE.

Vingt sequins sur le quatrième sept.

FABRICE.

Comte, je ne tiens pas sur parole.

LE COMTE.

Je suis gentilhomme ! je suis homme d'honneur.

FABRICE.

J'en suis convaincu, Colonel ; mais vous savez que cela est défendu.

LE COMTE, *à Ferdinand.*

Prêtez-moi vingt sequins.

FERDINAND.

Bien volontiers, si je les avois.

LE COMTE, *à Saint-Faustin.*

Chevalier, prêtez-les moi.

SAINT-FAUSTIN.

Je ne les ai pas, foi de galant homme.

LE COMTE.

Holà ! quelqu'un.

JOSEPH.

Monsieur.

ACTE I, SCÈNE I.

LE COMTE.

Allez chercher Polidor. (*il va à la table, tremblant d'impatience, et regardant jouer.*) Voilà le dernier sept, et je n'ai pu y mettre, malheureux que je suis ! Où est le fournisseur ?

SCÈNE II.

Les précédents, POLIDOR, JOSEPH.

LE COMTE, *à Polidor.*

Eh ! arrivez donc.

POLIDOR.

On m'a dit que vous me demandiez ?

LE COMTE.

Mon cher Polidor, faites-moi le plaisir de me prêter vingt sequins.

POLIDOR.

Vingt sequins !

LE COMTE.

Oui...

POLIDOR.

Pourquoi faire ?

LE COMTE.

Pour jouer.

POLIDOR.

Pour jouer ?

LE COMTE, *avec une impatience qui va toujours croissant dans les repliques suivantes :*

Eh oui !

POLIDOR.

Vingt sequins ?

LE COMTE.

Vingt sequins.

POLIDOR.

C'est très bien.

LE COMTE.

Dépêchons.

POLIDOR.

Attendez un peu. (*il tire de sa poche un carnet, qu'il feuillète.*)

LE COMTE.

Ne me faites pas perdre patience.

POLIDOR.

Ecoutez seulement. (*il lit.*) « Doit monsieur le colonel « Claude, la somme de soixante sequins ».

LE COMTE.

Et vingt que vous allez me prêter, feront quatre-vingts.

POLIDOR.

Je ne vous demande qu'une assurance.

LE COMTE.

Demander une sûreté à un gentilhomme ! Je suis connu dans l'armée.

POLIDOR.

C'est très bien.

LE COMTE, *impatienté.*

C'est très bien, c'est très bien ; et vous me demandez une sûreté ?

POLIDOR.

Oh ! je ne vous demande pas la sûreté de l'argent.

LE COMTE.

Et de quoi donc ?

POLIDOR.

La sûreté de votre personne. Vous sentez bien que demain une balle ou un boulet, en couronnant la gloire

ACTE I, SCÈNE II.

de M. le Comte, peut emporter mes quatre-vingts sequins dans l'élysée destiné aux héros.

LE COMTE.

Si je meurs, tout est fini.

POLIDOR.

C'est très bien, mais non pas pour moi.

LE COMTE.

Je vais vous proposer un accommodement. Si je survis, je serai votre débiteur de cent sequins : y consentez-vous ?

POLIDOR.

Quand on paie le risque, à la bonne heure.

LE COMTE.

Donnez donc.

POLIDOR.

C'est très bien. (*il tire le livret de sa poche.*)

LE COMTE.

Ce maudit livret me rendra fou. (*au banquier.*) Attendez, je viens à l'instant.

FABRICE.

J'attends.

POLIDOR, *écrivant.*

Doit le colonel Claude, pour arrêté de compte, la somme de cent sequins ; faites-moi le plaisir de signer.

LE COMTE, *le contrefaisant.*

C'est très bien.

POLIDOR.

Voici vingt sequins. (*il lui donne l'argent.*)

LE COMTE.

Très obligé. (*à part.*) Voilà comme ces gens-là s'enrichissent. (*au banquier.*) Me voici ; taillez.

SCÈNE III.

Les précédents, ASPASIE.

ASPASIE.

Mon père, quelqu'un vous demande.

POLIDOR.

Bravo ! Déjà levée, ma fille ; j'aime qu'on se lève matin ; c'est très bien, c'est très bien. (*il sort.*)

SCÈNE IV.

Les précédents, excepté POLIDOR.

FERDINAND, *arrêtant Aspasie, qui veut suivre son père.*

Monsieur votre père répond-il toujours ainsi ?

ASPASIE.

Pourquoi cela ?

FERDINAND.

Si je lui demandois de consentir ?

ASPASIE.

A quoi ?

FERDINAND.

A me choisir pour votre époux.

ASPASIE.

Avant qu'il répondît, je répondrois, moi.

FERDINAND.

Que répondriez-vous ?

ASPASIE.

Si vous allez à l'escalade, c'est très mal.

ACTE I, SCÈNE IV.

FERDINAND.

Et si je reviens sain et sauf?

ASPASIE.

C'est très bien. (*elle sort en courant.*)

SCÈNE V.

Les précédents, excepté ASPASIE.

SAINT-FAUSTIN.

Mon cher Ferdinand, je souhaite que vos desirs s'accomplissent; la fortune d'Aspasie rétabliroit vos affaires. La maison d'un fournisseur est un bon gîte; l'or qui se consomme aux armées ne se perd pas sous terre; il coule dans les mains de certains particuliers, et les fournisseurs n'en ont pas la plus petite part.

LE COMTE, *jouant.*

Il ne me reste que trois sequins.... qu'ils aillent encore sur le sept.

FERDINAND, *à Saint-Faustin.*

Entendez-vous? si le Comte perd, je m'attends à voir quelque horrible scène.

LE COMTE, *furieux.*

Oh! sept maudit! sept ensorcelé! Donnez-moi les cartes. (*il les déchire.*) Que le diable emporte celui qui les a inventées! diable emporte celui qui a gagné!

FABRICE, *l'interrompant.*

Comte!

LE COMTE, *continuant, sans l'avoir entendu.*

Diable m'emporte, moi qui ai perdu. (*il se promène à grands pas.*)

FERDINAND, *à Saint-Faustin.*

Il va faire quelque sottise.

LE COMTE, *revenant à lui.*

Allons, ce qui est fait est fait ; je n'y veux plus penser... Vive la joie ! Donnez-moi du Bourgogne. (*à Joseph qui lui verse à boire.*) Vive la guerre ! (*il boit.*) Vive le bon vin ! vivent les bons amis, et jusqu'à ce maudit capitaine qui m'a ruiné.

FABRICE.

Colonel, plaignez-vous de votre mauvaise fortune.

LE COMTE.

Oui, tu as raison, tu es un honnête homme, et c'est moi qui suis un fou.

SCÈNE VI.

Les précédents, GASPARD *avec une jambe de bois.*

GASPARD, *gaiement et en sautant.*

DE la joie, camarades, de la joie ; nous avons fait trois pieds de brèche.

LE COMTE.

Comment peut-on le savoir, puisqu'il est à peine jour ?

GASPARD.

Il est jour, morbleu ; en campagne il y a long-temps qu'il fait clair ; je viens déjà des batteries, moi, où j'ai pointé deux canons : du second coup, j'ai démonté une pièce ennemie ; oh le beau coup ! le beau coup !

JOSEPH.

M. l'officier, n'avez-vous pas peur qu'une canonnade vous emporte votre autre jambe ?

GASPARD.

Eh! que m'importe ma jambe; pour le plaisir de pointer un canon, je donnerois dix jambes si je les avois.

FABRICE.

Mes amis, je vous laisse; puisque l'action commence, je vais me rendre auprès de mon général. (*il sort avec les deux officiers, personnages muets.*)

SCÈNE VII.

Les précédents, excepté FABRICE.

GASPARD.

Eh bien, que fait-on ici ? est-ce qu'on ne joue pas ?

LE COMTE.

Nous avons joué jusqu'à présent; j'ai été battu à plate couture.

GASPARD.

Et Ferdinand ?

LE COMTE.

Il a bu.

GASPARD.

Et le chevalier ?

FERDINAND.

Il a rêvé à ses amours.

GASPARD.

C'est fort bien fait; chacun, suivant son humeur, s'est diverti et a passé le temps. D'ici à une heure ou deux, vous irez sans doute aux batteries ? Vous verrez, vous verrez; les ennemis se défendent en désespérés; ils ont fait une sortie du diable : nous les avons repoussés, mais il nous en a coûté quelques hommes. Quel feu faisoient les assiégés ! de ma vie je n'en ai vu un pareil ; ma foi, quand on a de tels ennemis, c'est un double plaisir de les battre : vous l'éprouverez vous-même, mais jusque-là divertissons-nous ; vive la joie !

LE COMTE.

Oui, oui, buvons. Quand on a perdu son argent, c'est toujours une consolation.

GASPARD.

Buvons.

SAINT-FAUSTIN, *tandis que Joseph verse à boire.*

A la santé de notre Empereur.

TOUS.

Vive, vive notre Empereur ! (*ils boivent.*)

FERDINAND.

A la santé de notre général.

TOUS.

A la santé de notre général.

SAINT-FAUSTIN.

Vivent ceux qui défendent en ce moment nos batteries !

LE COMTE.

Vivent nous qui irons bientôt nous mesurer avec l'ennemi !

GASPARD.

A la santé de celui qui montera le premier sur la brèche.

TOUS.

Ami, ce sera moi.

GASPARD.

Bravo ! bravo ! vive votre valeur et votre courage. (*ils boivent.*)

SCÈNE VIII.

Les précédents, FABRICE.

FABRICE.

Mes amis, le général a ordonné un conseil de guerre. Les officiers de l'état-major sont déjà rassemblés. Il veut que tous les autres officiers soient sous les armes.

FERDINAND.

Savez-vous de quoi l'on doit traiter dans le conseil ?

FABRICE.

On doit délibérer sur l'assaut général de la place. (*on entend le tambour.*) Allons.

LE COMTE.

A l'assaut, à l'assaut.

FERDINAND.

Au combat.

SAINT-FAUSTIN.

A la gloire. (*ils partent.*)

SCÈNE IX.

GASPARD, JOSEPH.

GASPARD.

Ma béquille, donnez-moi donc ma béquille.

JOSEPH.

Pourquoi faire ?

GASPARD.

Pour courir au champ d'honneur.

JOSEPH.

Non, vraiment, je ne vous la donnerai pas; à votre âge et dans votre état, on est exempt de service; reposez-vous, vous en avez besoin. (*il se sauve en emportant la béquille.*)

GASPARD.

Corbleu! Oui, je veux aller aux batteries, au feu, à la canonnade! (*il sort se soutenant avec une chaise.*)

SCÈNE X.

POLIDOR, GASPARD.

POLIDOR.

Où courez-vous donc si vite?

GASPARD.

Où les gens tels que vous ne vont jamais; je cours au feu. (*il sort.*)

POLIDOR.

Bon voyage, mon ami. Allez perdre votre autre jambe. Courez à la gloire, c'est bien; moi je cours à la fortune, et c'est très bien.

SCÈNE XI.

POLIDOR, URSELINE.

URSELINE.

Votre servante, Monsieur.

POLIDOR.

Eh, bonjour! mon enfant; que viens-tu faire ici à l'heure qu'il est?

ACTE I, SCÈNE XI.

URSELINE.

Je viens vous rendre compte du gain de cette nuit.

POLIDOR.

C'est très bien.

URSELINE.

Voici la note de tout ce qui s'est vendu. (*elle tire un papier de sa poche, et lit.*) Cent vingt bouteilles de vin ordinaire, trente bouteilles de Bourgogne, seize de ratafia, vingt-deux bouteilles d'eau-de-vie gaillarde, quarante livres de tabac, et une caisse de pipes.

POLIDOR.

C'est très bien.

URSELINE.

Je vous rapporte l'argent; pour ce qui est du gain, je m'en rapporte à votre générosité.

POLIDOR.

Combien as-tu gagné ?

URSELINE.

Je suis une femme d'honneur, je vais vous dire la vérité. Sur le vin, j'ai gagné le double; sur le ratafia, un tiers, et sur le reste, deux tiers.

POLIDOR.

C'est très bien ; tu n'es pas du nombre de ceux qui se plaignent de la guerre ?

URSELINE.

Au contraire, moi, j'en dis tous les biens du monde. J'étois une pauvre ouvrière; je suivis mon mari en qualité de vivandière, sa mort me fit perdre ma place; mais graces à mon activité et à votre assistance, j'espère retourner dans mon village, avec assez d'argent pour acheter une bonne ferme.

POLIDOR.
C'est très bien !

URSELINE.
Voulez-vous recevoir votre argent ?

POLIDOR.
Non. Mon argent, garde-le, fais-le fructifier ; veux-tu d'autre vin ? je t'en donnerai ; veux-tu d'autres marchandises ? je t'en pourvoirai. Deviens riche, tu me plais, je te veux du bien. J'aime les personnes d'esprit, et j'estime celui qui sait faire beaucoup avec peu : c'est ainsi que j'ai fait moi-même ; et si malheureusement la guerre se termine, comme nous en sommes menacés, l'envie de me remarier peut me reprendre.... Suffit.... crois-moi, je te veux du bien.

URSELINE.
Oh, Monsieur ! une pauvre femme comme moi ?

POLIDOR.
Comment donc, pauvre femme ; n'êtes-vous pas une marchande ? l'argent fait oublier le passé. J'ai été domestique ; je quittai mon maître pour m'attacher à un vivandier ; j'amassai avec lui dix écus, j'achetai un âne, je fis un petit trafic, j'entrai ensuite comme ouvrier dans un magasin de grains ; je m'intéressai dans les fours, et de-là je devins d'un seul saut, garde magasin. La fortune me rit ; je me conduisis avec prudence ; je sus dépenser à propos et semer pour recueillir ; et, Dieu aidant, je suis enfin parvenu au grade où tu me vois.... Que dis-tu de cette métamorphose ?

URSELINE.
Je dirai comme vous ; c'est très bien.

POLIDOR.
Elle doit faire disparoître les scrupules et relever les

espérances : le plus beau mariage du monde, c'est quand l'argent s'allie avec l'argent.

URSELINE.

Mais je n'ai pas de fortune.

POLIDOR.

Si tu n'en as pas à présent, tu en gagneras ; j'estime plus une femme qui sait gagner douze sols par jour, que celle qui a un écu de rente par heure ; les rentes sont sujettes aux disgraces, et l'industrie est de tous les temps et de tous les lieux ; est-il vrai ?

URSELINE.

Vous parlez en homme de bon sens ; puisqu'il est ainsi, je veux doubler le gain, si je puis ; je vais dresser dans ma boutique deux ou trois tables de pharaon ; je m'intéresserai à toutes les banques, et si les joueurs manquent d'argent, je leur en prêterai sur de bons bijoux et d'une valeur quadruple ; c'est la manière de s'enrichir promptement, n'est-ce pas ?

POLIDOR.

C'est très bien.

URSELINE.

Je vous rendrai compte de tout ce que je ferai.

POLIDOR.

C'est très bien.

URSELINE.

Et quand la guerre sera terminée ?

POLIDOR.

C'est bon, c'est bon.

URSELINE.

N'oubliez pas ce que vous m'avez promis.

POLIDOR.

Ne crains rien.

URSELINE.

Croyez que j'ai aussi de l'affection pour vous.

POLIDOR.

C'est très bien ; c'est très bien : mais voici ma fille et notre prisonnière, il ne faut pas qu'on nous voie ensemble ; retirons-nous. (*il sort.*)

SCÈNE XII.

ASPASIE, FLORINDE.

ASPASIE.

Qu'avez-vous donc, vous paroissez bien agitée, ma chère Florinde ?

FLORINDE.

Ignorez-vous que le conseil de guerre est assemblé ?

ASPASIE.

Et que nous importe le conseil de guerre ?

FLORINDE.

On y traite du destin de ma patrie, et peut-être même de la vie de mon père ; et je venois auprès du général m'informer....

ASPASIE.

Pauvre Florinde, votre cœur n'est pas tout entier dans la forteresse qui renferme votre père ; je suis sûre qu'il en reste ici une bonne moitié. Et Saint-Faustin ?...

FLORINDE.

Je ne m'en défends pas. Comme ennemi, je devrois le haïr ; mais je l'avoue à ma honte, ses hautes qualités l'ont emporté sur le devoir. La tendre sensibilité qu'il montre sur mes malheurs, les douces consolations qu'il me prodigue depuis plus d'un mois, que le sort des armes me fit votre prisonnière, ne me laissent plus voir en lui qu'un ami. Je me flattois que bientôt la paix, en calmant mes craintes, conduiroit mon père dans mes bras. Il auroit consenti à mon union avec Saint-Faustin ; j'entrevoyois le bonheur : mais déjà la guerre se rallume, la tranchée est ouverte ; on parle de donner l'assaut. Je frémis en pensant au péril de mon père, à celui de mon amant ; mon cœur, combattu par deux passions contraires, ressent en même temps les coups des deux armées ! et quel que soit le parti vainqueur, ou vaincu, je redoute également la défaite ou la victoire.

ASPASIE.

Si vous pensiez comme moi, vous seriez moins inquiète.

FLORINDE.

Vous avez raison, l'éducation fait tout. Séparée de mon père dès ma plus tendre enfance, à peine je jouissois du bonheur de le voir, que l'avant-garde de votre armée arriva inopinément. Mon père, forcé de m'abandonner, n'eut que le temps de courir s'enfermer dans la place confiée à sa valeur. Vous voyez que tout ce qui appartient à la guerre est nouveau pour moi. Cette intrépidité que vous vantez, je ne puis l'avoir. La nature frémit, l'amour combat, tout me porte à la crainte et à la douleur.

ASPASIE.

Je voudrois, sinon vous consoler, au moins vous distraire ; mais si je n'y puis parvenir, j'apperçois quelqu'un qui réussira peut-être mieux que moi. (*elle sort.*)

SCÈNE XIII.

FLORINDE, SAINT-FAUSTIN.

FLORINDE.

Eh bien, Chevalier ! quelle nouvelle du conseil ?

SAINT-FAUSTIN.

L'assaut de la place est décidé, d'une voix unanime.

FLORINDE.

Ah! cruel! pouvez-vous avec autant d'indifférence m'annoncer une si funeste résolution?

SAINT-FAUSTIN.

Comment ne desirez-vous pas vous-même la fin de cette campagne? une journée va décider de la valeur et de la fortune des armes.

FLORINDE, *avec force.*

Ignorez-vous que cette journée peut me priver d'un père?

SAINT-FAUSTIN.

Ma chère Florinde, je l'estime et le respecte, ce père dont j'attends mon bonheur; mais tant que nous serons au camp, tant que durera l'obstinée défense de la place, enfin tant qu'il nous disputera la victoire, je le regarde comme mon ennemi; je souhaite de le vaincre; et je penserois ainsi, fût-il l'auteur de mes jours. Un brave officier jure à son souverain une fidélité inviolable et illimitée; il se dépouille des plus tendres affections, quand il s'agit de défendre sa patrie, et préfère à tout autre bien l'honneur et la victoire.

FLORINDE.

Est-ce pour insulter à ma douleur que je vous vois dans ces lieux?

SAINT-FAUSTIN.

Pouvez-vous le penser! je vais vous faire un adieu, peut-être, hélas! éternel.

FLORINDE.

O ciel! pensez-vous qu'il ne nous soit plus permis d'espérer?

ACTE I, SCÈNE XIII.

SAINT-FAUSTIN.

Le destin de nos armes est douteux. Je ne sais quel sort m'est réservé; je puis vaincre, ou rencontrer la mort.

FLORINDE, *l'interrompant*.

Par pitié, Saint-Faustin, n'achevez pas une supposition si cruelle.

SAINT-FAUSTIN.

Au nom de cette pitié que vous implorez, donnez-moi quelques douces consolations; j'irai avec plus d'intrépidité au-devant de mon sort.

FLORINDE.

Allez, mon ami, allez; et si en combattant vous rencontrez le gouverneur, n'oubliez pas qu'il est mon père.

SAINT-FAUSTIN.

Je cours où le devoir m'appelle... O mon amie! si je survis, je jure de vous consacrer mon existence entière. (*il sort.*) (*On bat au champ.*)

SCÈNE XIV.

GASPARD, FABRICE, SOLDATS.

GASPARD.

Bonne nouvelle, mon ami, bonne nouvelle; nous allons en découdre.

FABRICE.

Savez-vous l'ordre que l'on vient de donner de la part du général en chef?

GASPARD.

Corbleu! si je le sais! il est ordonné aux marchands et vivandiers de débarrasser promptement le camp, pour ne pas entraver les manœuvres. Nous allons avoir du fracas ; ma jambe me démange. Il me semble que j'y suis déjà.

FABRICE.

Vous n'y êtes pas, mon cher Gaspard, vous n'y êtes pas ; tout au contraire.

GASPARD.

Et de quoi s'agit-il donc ?

FABRICE.

Le général doit s'aboucher avec le commandant de la forteresse assiégée, pour traiter de la capitulation, et il veut le recevoir à la vue de toute l'armée.

GASPARD.

Quoi ! le général ennemi viendra ici traiter en personne ?

FABRICE.

Oui ; c'est ainsi qu'ils l'ont arrêté entre eux.

SCÈNE XV.

Les précédents, LE GÉNÉRAL, LE COMTE, SAINT-FAUSTIN, FERDINAND, don ÉGIDE *et sa suite.* (*on bat au champ.*)

LE GÉNÉRAL.

MESSIEURS, je vous présente don Egide, le brave gouverneur de la forteresse assiégée.

don ÉGIDE.

Général, nos débats doivent être secrets.

LE GÉNÉRAL.

Monsieur le Gouverneur, permettez qu'avant toute chose, je rende hommage à la valeureuse défense d'une place que je ne croyois pas susceptible de la plus légère résistance. Votre souverain doit se faire gloire de posséder en votre personne un des plus vaillants capitaines de notre siècle. Depuis quarante jours la tranchée est

ACTE I, SCÈNE XV.

ouverte, et vous ne vous êtes pas contenté de résister à notre artillerie, beaucoup plus forte que la vôtre ; vous avez encore tenté de nous repousser par de nombreuses sorties. Dans le premier moment, votre défense me parut une témérité impardonnable, et je me promis de ne consentir à aucune capitulation ; mais votre valeur m'a forcé d'admirer votre dévouement, et je tiens à grand honneur de vaincre un si parfait général.

don ÉGIDE.

Je ne suis point insensible à vos louanges, Général, quoique je sache bien ne pas les mériter. Servir son prince avec zèle et fidélité, ce n'est que remplir son devoir.

LE GÉNÉRAL.

Votre modestie est louable, don Egide ; mais elle n'empêchera point que toute l'armée n'admire votre bravoure. (*montrant les officiers.*) Je m'en rapporte au témoignage de ces messieurs : aussi est-ce devant eux que j'ai voulu vous donner une preuve de la haute estime que je vous porte. (*aux officiers.*) Maintenant, messieurs, veuillez bien vous tenir un peu à l'écart pendant la discussion. (*les officiers se retirent.*)

SAINT-FAUSTIN, *à part.*

Allons annoncer à Florinde l'heureux commencement d'une conférence qui doit amener la paix, et nous rendre au bonheur. (*il sort.*)

SCÈNE XVI.

LE GÉNÉRAL, don ÉGIDE, LES OFFICIERS *à l'écart*, excepté SAINT-FAUSTIN, DEUX SOLDATS *en faction*.

LE GÉNÉRAL.

Don Egide, je crois inutile de vous prévenir que, dans l'état où se trouve la place que vous défendez, vous devez modérer vos prétentions, si vous voulez trouver en nous cette humanité et cette clémence, qui convient à une armée victorieuse.

don ÉGIDE.

Permettez-moi de vous assurer, Général, que vous connoissez mal la place que vous attaquez ; elle mérite de vous une plus grande estime. Elle est tellement fortifiée, ses magasins sont si bien pourvus de vivres et de munitions, que, sans un assaut général, on ne pourroit espérer de l'enlever. Je ne vous dissimulerai pas que j'étois très disposé à continuer la défense ; et mon épée, unie à celle de mes vaillants compagnons d'armes, n'eût point laissé facilement escalader les murs : mais le conseil assemblé en a jugé différemment ; il a pensé qu'au point où nous en sommes, il étoit permis au capitaine le plus brave de demander une trève et de capituler. J'ai donc arboré, suivant les lois et coutumes des assiégés, le drapeau blanc, signe de paix ; je vous ai fait demander une suspension d'armes, et je viens vous offrir la reddition de la place.

LE GÉNÉRAL.

La trève vous fut accordée, je ne refuse pas la capitulation.

don ÉGIDE.

Je ne vous demande rien pour moi ; je prétends faire respecter les drapeaux de mon souverain.

LE GÉNÉRAL.

Don Egide, expliquez-vous. A quelles conditions voulez-vous traiter ?

don ÉGIDE.

Les voici sommairement exposées. (*il tire une feuille de papier, et lit.*)

ACTE I, SCÈNE XVI.

Article Ier. — La garnison sortira de la place, avec armes et bagages, tambour battant et drapeaux déployés.

Art. II. — On laissera sortir quatre chariots couverts, en outre du libre transport des équipages.

LE GÉNÉRAL.

Don Egide, ne passez pas plus avant. La place est réduite aux dernières extrémités, et ne peut prétendre à une capitulation si avantageuse. La garnison doit se rendre, et sortira, mais sans armes, sans bannières : pour les chariots couverts, qu'il n'en soit plus parlé.

don ÉGIDE.

Je n'ai pas l'ame assez vile, pour céder d'une manière si honteuse ; ou accordez-moi les honneurs qui me conviennent, ou je me défendrai jusqu'à la dernière goutte de mon sang.

LE GÉNÉRAL.

J'ai reçu de mon souverain des ordres 'nt il m'est impossible de m'écarter. L'armée est dé   osée pour l'assaut, et nous sommes tous impatiens de signaler notre courage.

don ÉGIDE.

La valeur et l'intrépidité ne nous manquent pas plus qu'à vous.

LE GÉNÉRAL.

Eprouvons-le donc ; et puisque vous vous obstinez à vous défendre, préparez-vous au sort le plus rigoureux.

don ÉGIDE.

Général, vous et moi nous ferons notre devoir. Je retourne à la forteresse ; aussi-tôt que j'en aurai touché les portes, recommencez les hostilités ; mais avant tout, puis-je espérer d'obtenir une grace ?

LE GÉNÉRAL.

Demandez avec assurance; je suis ennemi de vos armes, et non de votre personne.

don ÉGIDE.

Accordez-moi quelques instants pour revoir et embrasser ma fille.

LE GÉNÉRAL.

Autant vous m'avez trouvé contraire à la capitulation que vous venez de me proposer, autant vous me trouverez prêt à vous obliger, en toute autre circonstance. Je vous accorde votre demande; je fais plus, je vous rends votre fille, et je me fais un plaisir de la remettre moi-même entre vos mains.

don ÉGIDE.

Brave général !

LE GÉNÉRAL.

Messieurs, vous pouvez rentrer. Une escorte accompagnera don Egide jusqu'aux avant-postes. Maintenant, préparez-vous à la défense de la place, vous nous verrez bientôt disposés à vaincre.

don ÉGIDE.

Je vous attendrai; mais avant de vous quitter je veux vous faire connoître des dispositions qui changeront sans doute vos projets, et vous détermineront à tout sacrifier pour éviter l'effusion du sang humain.

LE GÉNÉRAL.

J'y consens. (*on bat au champ.*)

FIN DU PREMIER ACTE.

ACTE II.

SCÈNE PREMIÈRE.

SAINT-FAUSTIN, FLORINDE.

SAINT-FAUSTIN.

J'accours ici plein de joie, vous faire partager l'espoir de vous voir bientôt tranquille et heureuse ; le ciel a comblé mes vœux, en séchant vos larmes. Le son martial des trompettes annonce les chants d'allégresse. Vous embrasserez bientôt don Egide ; et si vous éprouvez pour moi un peu d'intérêt, réjouissez-vous de savoir hors de tout péril et votre père et votre amant.

FLORINDE.

Je me réjouis de retrouver et de n'avoir plus à craindre l'homme qui se disposoit, il y a peu de moments, à combattre et à vaincre mon père.

SAINT-FAUSTIN.

Le devoir alors me parloit ; à présent je puis n'écouter que mon cœur.

FLORINDE.

Je suis forcée de vous admirer et de vous pardonner.

SAINT-FAUSTIN, *lui baisant la main.*

Trop aimable Florinde !

FLORINDE.

Dites-moi, mon ami, quand puis-je espérer de revoir mon père ?

SAINT-FAUSTIN.

Peut-être à l'instant même. Lorsque j'ai quitté le camp, le général et don Egide étoient en conférence secrète, et je ne doute pas que le gouverneur ne consente enfin à la capitulation.

SCÈNE II.

Les précédents, POLIDOR.

POLIDOR.

Eh bien, Capitaine ! bonne nouvelle.

SAINT-FAUSTIN.

La paix est-elle enfin déclarée ?

POLIDOR.

Quoi ! la paix ?... la guerre, la guerre ; je voudrois vivre autant qu'elle durera.

FLORINDE.

Quelle affreuse nouvelle nous apportez-vous ?

POLIDOR.

La nouvelle ? la voici. Don Egide, votre père, le gouverneur de la forteresse, consent bien à se rendre et à capituler ; mais il prétend à tous les honneurs militaires, drapeaux déployés, tambours battants, chariots couverts, et cent autres choses que j'ai oubliées... Notre général ne lui en veut accorder aucune ; on ne fera rien ; on retournera battre le château ; on donnera l'assaut à l'instant ; et si la ville est prise de vive force, (*avec joie, et se frottant les mains*) elle sera mise au pillage.

FLORINDE.

Oh, Saint-Faustin ! vous allez encore me quitter. Est-ce là cette félicité que vous m'aviez promise ?

ACTE II, SCÈNE II.

SAINT-FAUSTIN.

Fassent les dieux que mon honneur n'exige pas le sacrifice de ma passion ! Chère amie, permettez que j'aille m'assurer d'une si fâcheuse nouvelle.

POLIDOR.

Pourquoi douter de ma bonne-foi ? Vous me connoissez bien ?

SAINT-FAUSTIN.

C'est peut-être pour cela. Adieu, ma chère Florinde. (*il sort.*)

SCÈNE III.

FLORINDE, POLIDOR.

POLIDOR.

C'est très bien !

FLORINDE.

Malheureuse Florinde, sous quel astre funeste es-tu née ?

POLIDOR.

Mais, Mademoiselle, c'est très bien ; vous desirez la paix, et moi la guerre : ainsi vont les choses de ce monde. L'un veut blanc, l'autre noir. Le paysan qui doit semer demande de la pluie ; cet autre, pour battre le grain, attend le soleil ; les comédiens voudroient qu'on allât tous les soirs au spectacle, et les banquiers de jeu, qu'on passât tout son temps au tripot ; le marin qui va dans les Indes, veut le vent du nord, tandis que celui qui se dirige au couchant, souhaite celui du sud. Le même événement ne peut rendre tous les hommes contents ; ce qui fait le bonheur de l'un, cause le malheur de l'autre. C'est très bien, c'est très bien.

FLORINDE.

Eh, Monsieur! laissez-moi, de grace.

POLIDOR.

Vous voulez peut-être rester seule ? C'est très bien, c'est très bien.

SCÈNE IV.

FLORINDE, *seule*.

Non, jamais je n'éprouvai l'inquiétude mortelle qui me tourmente en ce moment !...

SCÈNE V.

FLORINDE, SAINT-FAUSTIN.

FLORINDE.

Eh bien, Chevalier! quel est le résultat de l'entrevue ?

SAINT-FAUSTIN, *tristement*.

Hélas !

FLORINDE.

N'achevez pas. Allez vous disposer avec joie à un combat qui va me mettre au désespoir !

SAINT-FAUSTIN.

Modérez, ô mon amie, des reproches que je ne mérite point. Vos larmes et vos transports n'ont que trop épuisé mon courage. Je vous adore, vous n'en pouvez douter ; mais dois-je, pour vous plaire, déposer mon épée, devenir l'objet des murmures du camp, et des railleries insultantes de mes camarades? me rendre, en un mot, la honte de ma famille et de mon rang ?... Non,

Florinde, un être avili ne seroit plus digne de votre amour... Connoissez mieux mon état; plaignez-moi de me trouver dans une circonstance si douloureuse; et si elle est un obstacle à votre affection, qu'elle n'en soit pas un du moins à votre pitié, à votre pardon.... Je l'espère de votre cœur, et vous me voyez à vos pieds. (*il se jette à ses pieds.*)

FLORINDE.

Que faites-vous, Saint-Faustin ?

SAINT-FAUSTIN.

J'attends mon arrêt.

FLORINDE.

Au nom du ciel, relevez-vous.

SCÈNE VI.

Les précédents, don ÉGIDE.

don ÉGIDE.

Un homme aux pieds de ma fille ! (*Saint-Faustin se relève confus.*)

FLORINDE.

O mon père ! (*elle veut se jeter dans ses bras.*)

don ÉGIDE.

Calmez vos transports, ma fille, jusqu'à ce que Monsieur m'ait appris quels motifs l'ont conduit à vos pieds.

SAINT-FAUSTIN.

J'apportois à Florinde mon dernier adieu.

don ÉGIDE.

Où allez-vous?

SAINT-FAUSTIN.

Donner l'assaut à vos murs, et combattre vos soldats.

don ÉGIDE.
Quel est votre grade à l'armée ?
SAINT-FAUSTIN.
Capitaine.
don ÉGIDE.
Que prétendez-vous de ma fille ?
SAINT-FAUSTIN.
Son cœur et sa main ; le premier, je l'obtins de l'amour ; le second, je veux l'obtenir de votre bonté.
don ÉGIDE.
Votre nom ?
SAINT-FAUSTIN.
Le chevalier de Saint-Faustin ; je suis fils du duc d'Albe.
don ÉGIDE.
Votre maison m'est connue.
FLORINDE.
Si vous connoissiez de même ses excellentes qualités.
don ÉGIDE.
Florinde... (*à Saint-Faustin.*) Vous aimez la fille, et vous osez combattre le père ?
SAINT-FAUSTIN.
Don Egide connoît mieux que moi les devoirs d'un bon soldat ; l'amour ne peut vaincre où commande la gloire.

don ÉGIDE, *présentant la main à Saint-Faustin.*

Chevalier, ces sentiments vous méritent mon estime et celle de ma fille.
FLORINDE, *à part.*
Puisse mon père ne pas changer de résolution !

ACTE II, SCÈNE VI.

SAINT-FAUSTIN.

Puisque tant de bonté vous anime en ma faveur, puis-je espérer qu'un jour la main de Florinde...

don ÉGIDE.

Je vous le promets.

FLORINDE.

Ah, mon père ! (*elle veut se jeter dans ses bras.*)

don ÉGIDE *l'arréte.*

(*A Saint-Faustin.*) Les circonstances nous forcent à attendre des temps plus heureux. Chevalier, faites votre devoir; attaquez nos murs. Je serai moi-même spectateur de votre courage; et sitôt la guerre terminée, vous recevrez ma fille de mes mains. La parole doit suffire entre gens d'honneur... De ce moment, nous redevenons ennemis.

FLORINDE, *à part.*

O ciel ! que cet hymen tant desiré m'est offert sous de tristes auspices. Mon père, ne me faites pas mourir de craintes et de douleurs.

don ÉGIDE.

J'aurois bien des reproches à vous faire.

FLORINDE.

Ah, mon père ! croyez que ses vertus ont été l'écueil le plus puissant.

don ÉGIDE.

Préparez-vous à me suivre, ma fille.

FLORINDE.

Au milieu des armes !

SAINT-FAUSTIN.

Vous voulez l'exposer aux dangers.

don ÉGIDE.

Son père et son époux en affronteront de plus grands.

SAINT-FAUSTIN.

Je n'ai plus rien à répondre ; vous êtes l'arbitre de son sort.

don ÉGIDE.

Adieu, Chevalier. Suivez-moi, ma fille. (*il sort.*)

FLORINDE.

Ah, Saint-Faustin! Adieu, pour la dernière fois. (*ils s'embrassent, et elle sort.*)

SCÈNE VII.

SAINT-FAUSTIN, *seul.*

Ah dieux! soutenez mon courage! Comment pourrois-je attaquer ces murs qui la renferment, et combattre le père de celle que j'adore?

SCÈNE VIII.

SAINT-FAUSTIN, *assis*, ASPASIE.

ASPASIE.

Vous ici, monsieur le Chevalier, seul... (*à elle-même.*) Qu'a-t-il donc? il ne me répond pas. (*haut.*) D'où vous vient cet air sombre? qu'avez-vous fait de Florinde?

SAINT-FAUSTIN, *se levant et marchant.*

Laissez-moi, par pitié.

ASPASIE.

Où courez-vous?

SAINT-FAUSTIN, *au désespoir.*

A la mort. (*il sort.*)

SCÈNE IX.

ASPASIE, seule.

Il est devenu fou, ce pauvre Saint-Faustin ! Florinde lui aura tenu rigueur.

SCÈNE X.

ASPASIE, POLIDOR.

POLIDOR.

Ah, ma fille ! sais-tu la nouvelle ?... Don Egide vient d'emmener avec lui Florinde au château.

ASPASIE, à part.

Voilà donc le sujet...

POLIDOR.

La guerre se rallume, et ne finira de sitôt.

ASPASIE.

Pour moi, je voudrois bien qu'après cette campagne, la troupe allât en quartiers d'hiver.

POLIDOR.

En quartiers d'hiver ! Mais y penses-tu, ma fille, en quartiers d'hiver ! La neige n'a jamais arrêté nos braves, et nos soldats sont endurcis au froid.

ASPASIE.

Dois-je toujours mener une semblable vie ?

POLIDOR.

Que veux-tu donc faire ?

ASPASIE.

Me marier.

POLIDOR.

C'est très bien ! Et qui veux-tu prendre pour mari ?

ASPASIE.

Ferdinand.

POLIDOR.

Un officier.

ASPASIE.

Sans doute.

POLIDOR.

Pour être plutôt veuve ? C'est très bien. Non, non, ma fille, je ne te conseille pas d'épouser un militaire.

ASPASIE.

Dites plutôt que vous ne voulez pas me marier.

POLIDOR.

Tu es encore trop étourdie.

ASPASIE.

Oh, mon père ! je suis certaine que lorsqu'il sera sérieusement question de mariage, et que votre intérêt s'y trouvera, vous direz oui. On se moque des vieilles filles, et je ne veux pas qu'on se moque de moi. (*elle sort.*)

SCÈNE XI.

POLIDOR, *seul.*

OH ! que j'ai fait une grande sottise d'emmener ma fille avec moi pour suivre l'armée. Je porte la peine due à mon imprudence. C'est très bien ! Mais je mérite pis encore... Ah ! j'apperçois ma chère Urseline ; celle-là est une femme d'ordre, économe, industrieuse ! Elle vient sans doute m'apporter quelques bonnes nouvelles, et je lui veux tous les biens du monde.

SCÈNE XII.

POLIDOR, URSELINE.

URSELINE, *entrant précipitamment.*

Ah, M. Polidor!

POLIDOR.

Que t'est-il arrivé, mon enfant?

URSELINE.

Je suis ruinée!

POLIDOR.

Pas possible!

URSELINE.

Après qu'on eut publié l'armistice, j'ouvris deux banques de pharaon; j'y plaçai tout ce que j'avois, dans l'espoir de m'enrichir en peu de temps; quatre officiers sont venus jouer; en un clin-d'œil ils ont débanqué les deux tables, et je suis restée sans un sol.

POLIDOR.

Et mon argent?

URSELINE.

Le diable l'a emporté.

POLIDOR.

Va le lui redemander; je me suis trompé sur ton compte; c'est une friponnerie.

URSELINE.

Allons, allons, prenez patience. Si jusqu'ici la chose est allée mal, une autre fois elle pourra mieux aller. Vous rappelez-vous ce que vous m'avez promis?

POLIDOR.

Madame Urseline, je vous déclare, net, clair et précis, que je ne veux de ma vie entendre parler de vous ; on ne me trompe pas deux fois.

URSELINE.

Oui, vous le prenez sur ce ton ; et moi, M. Polidor, je vous avertis, net, clair et précis, que si vous ne me tenez pas la parole que vous m'avez donnée, j'irai au général, je lui dénoncerai tous les monopoles que vous faites ; je lui dirai que vous faites faire des souliers dont les semelles sont de carton, que votre eau-de-vie n'est que de l'eau, que le vin n'est que du vinaigre. Je lui dirai qu'au lieu d'envoyer faire du bois dans les forêts, vous faites dévaster la campagne, couper la vigne et les arbres fruitiers. Je lui dirai que vous êtes intéressé dans les jeux et dans les cantines, et que vous avez mangé à vous seul, plus de fourrages que tous les chevaux de l'armée, que vous mettez dans vos bottes plus de foin que dans les rateliers, et si cela ne suffit pas, j'ai un petit article secret, avec lequel je me réserve de vous servir un plat de ma façon, au revoir... Adieu, M. le fournisseur. (*elle sort.*)

SCÈNE XIII.

POLIDOR, *seul*.

Elle peut me perdre.... Elle est femme, et la colère d'une femme ressemble à l'éruption d'un volcan... C'est très bien, c'est très bien.

FIN DU DEUXIÈME ACTE.

ACTE III.

Le camp. Une forêt. Dans le fond est une montagne.

SCÈNE PREMIÈRE.

Deux maraudeurs arrivent, l'un tenant quelques poulets, et l'autre une barique de vin.

premier MARAUDEUR.

L'ATTAQUE de la forteresse étant suspendue, en passant dans le village voisin j'ai donné l'assaut à un poulailler.

deuxième MARAUDEUR.

Et moi j'ai fait une saignée à un baril de vin.

premier MARAUDEUR.

Bien a pris aux ennemis d'arborer le drapeau blanc.

deuxième MARAUDEUR.

Sans doute, nous les aurions taillés en pièces.

premier MARAUDEUR.

Ce n'est pas là notre métier ; de braves maraudeurs, comme nous, arrivent toujours après l'action.

SCÈNE II.

Les deux MARAUDEURS, et LISETTE, *accourant, tenant un panier à son bras.*

LISETTE.

Au secours, au secours !

premier MARAUDEUR.

Qu'avez-vous donc, la belle enfant ?

LISETTE.

Des soldats qui vouloient m'embrasser.

premier MARAUDEUR.

Ils n'ont fait que le vouloir, et cela vous fâche ? Nous le prendrons d'avance.

LISETTE.

Voyez cet impertinent, sachez que je suis une honnête fille, laissez-moi aller à la ville.

deuxième MARAUDEUR, *voulant prendre son panier.*

Que portez-vous dans votre panier ?

LISETTE.

Laissez, laissez mon panier.

deuxième MARAUDEUR.

Si c'est pour vendre, nous l'acheterons.

LISETTE.

Non, je n'ai rien et ne veux rien vendre.

premier MARAUDEUR.

Pensez-vous que nous ne voulons pas vous payer ? Tenez, (*en frappant sur sa poche*) entendez-vous ce son ? Ceci est du bel et bon argent.

ACTE III, SCÈNE II.

deuxième MARAUDEUR.

Vendez-nous ce que vous avez.

LISETTE.

Le voilà, c'est un fromage, des œufs et des fruits.

premier MARAUDEUR.

Combien voulez-vous de ce fromage ? (*il prend le fromage.*)

LISETTE.

Trente-six sols.

deuxième MARAUDEUR.

Et des œufs ? (*il prend des œufs.*)

LISETTE.

Vingt sols la douzaine.

premier MARAUDEUR.

Je vous donne quatre sols du fromage.

deuxième MARAUDEUR.

Quatre sols de ce fromage ! as-tu l'intention de tromper cette pauvre fille ?

premier MARAUDEUR.

Et que t'importe à toi ? Pourquoi te mêles-tu de mes affaires ?

deuxième MARAUDEUR.

Parce que tu es un fripon.

premier MARAUDEUR.

Fripon.... à moi ! (*il met la main à sa baïonnette.*)

deuxième MARAUDEUR.

Ventrebleu. (*il met aussi la main à son sabre. Ils feignent de vouloir se battre, et s'échappent en emportant les œufs et le fromage.*)

SCÈNE III.

LISETTE, *courant après eux.*

Rendez-moi mes œufs et mon fromage. (*elle revient en pleurant.*) Ah! malheureuse, ils m'ont volée; que dira ma mère? O mon Dieu, que je suis malheureuse!

SCÈNE IV.

LISETTE, le comte CLAUDE, *avec quelques soldats.*

LE COMTE.

Qu'avez-vous donc, belle enfant?

LISETTE.

On m'a volé mes œufs et mon fromage.

LE COMTE.

Quels sont ces fripons?

LISETTE.

Deux maraudeurs.

LE COMTE.

Et où sont-ils?

LISETTE, *montrant la coulisse par laquelle ils sont sortis.*

Les voilà, ce sont ceux qui s'en vont en sautant. Ils ont fait semblant de vouloir se battre, et à présent ils se réjouissent de m'avoir attrapée; ma mère me battra, j'en suis sûre. (*pleurant.*) Ah! que je suis malheureuse.

LE COMTE.

Je vais les faire arrêter. Le général a mis à l'ordre de l'armée, que la maraude étoit défendue sous peine de mort.

ACTE III, SCÈNE IV.

LISETTE, *pleurant.*

Leur punition ne me rendra pas mes œufs et mon fromage.

LE COMTE.

Allons, mon enfant, console-toi; combien estimes-tu la valeur du vol?

LISETTE.

Cinquante sols.

LE COMTE.

Et tu pleures pour cinquante sols? les voilà. Si les maraudeurs pillent, les militaires paient.

LISETTE.

Y sont-ils bien?

LE COMTE.

Crois-tu que je veuille te tromper?

LISETTE.

Pour vous dire la vérité, je me méfie.

LE COMTE.

Je suis officier.... Je suis homme d'honneur.

LISETTE.

Oui, je vous crois, mais je vais les compter.

LE COMTE.

Satisfais-toi.... Eh bien, y sont-ils?

LISETTE, *après avoir compté.*

Et vous ne me donnez rien pour la peur que j'ai eue?

LE COMTE.

Oh! cela, par exemple, c'est autre chose.... Ne te reste-t-il plus rien à vendre?

LISETTE.

Je n'ai plus qu'un peu de fruits.

LE COMTE.

Combien en veux-tu?

LISETTE.
Trente sols.
LE COMTE.
Bien, je t'en donnerai trente sols, apporte-les moi à mon logement.
LISETTE.
Oui dà !
LE COMTE.
Que prétends-tu dire ?
LISETTE.
Qu'on ne va pas ainsi seule chez un officier.
LE COMTE.
Et par quelle raison ?
LISETTE.
Parce qu'il pourroit m'arriver quelque malheur, ma mère m'a dit que cela n'étoit pas prudent.
LE COMTE.
Et comment sait-elle cela, ta mère ?
LISETTE.
Je ne sais, mais je n'y veux point aller, toujours.
LE COMTE.
En ce cas, garde ton fruit.
LISETTE.
Donnez-moi les trente sols.
LE COMTE.
Non, je ne te donnerai rien.
LISETTE.
Voyez le beau trait ! il me promet trente sols, et à présent il ne veut rien donner.
LE COMTE.
Ah, la petite rusée !

ACTE III, SCÈNE IV.

LISETTE, *pleurant.*

Je vous ai fait mon fruit trente sols, vous l'avez accepté pour ce prix ; j'entends vous l'avoir vendu. Le voilà ; si vous ne voulez pas payer, il m'importe. (*elle jette le panier à terre.*)

LE COMTE.

Je ne refuse pas de te donner trente sols, trois livres, un sequin, s'il le faut ; mais je voudrois te trouver plus douce.

LISETTE, *reprenant un air riant.*

Mais, je ne suis pas méchante.

LE COMTE.

Quel est ton nom ?

LISETTE, *faisant une petite révérence.*

Lisette, pour vous servir.

LE COMTE.

Tu as une mère ?

LISETTE.

Oui, Monsieur.

LE COMTE.

Et un père ?

LISETTE.

Hélas non, Monsieur, et c'est la guerre qui en est cause ; il a tant fatigué à faire du bois pour vous autres officiers, qu'il en est mort. (*pleurant.*) Vous devriez bien me donner quelque chose pour mon pauvre père qui est mort.

LE COMTE.

Allons, allons, je te donnerai tout ce que tu voudras ; mais, pour Dieu, cesse de pleurer.

LISETTE.

Qu'est-ce que vous me donnerez si je ne pleure plus ?

LE COMTE.

Je te donnerai un écu.

LISETTE.

Et si je ris?

LE COMTE.

Un sequin.

LISETTE, *riant.*

Donnez; le sequin est à moi.

LE COMTE.

Tu viendras chez moi.

LISETTE.

Nous y voilà; on ne peut jamais vous croire, vous autres trompeurs.

LE COMTE, *s'approchant d'elle.*

Lisette.

LISETTE, *le repoussant.*

Laissez-moi.

LE COMTE, *lui montrant un sequin.*

Voilà un beau sequin.

LISETTE, *riant.*

Pour moi?

LE COMTE.

Pour toi.

LISETTE, *de même.*

Vous me le donnez?

LE COMTE.

Oui, si tu viens à mon logement.

LISETTE.

Toujours ce logement; il y a de la malice.

SCÈNE V.

Les mêmes, GASPARD.

GASPARD, *sautant et chantant.*

Comte, je vous fais mon compliment ; bravo, de la gloire à l'amour.

LE COMTE.

Mon cher Gaspard, cette jeune fille me désespère. Elle pleure et rit à volonté, et elle veut que je lui paie le fruit qu'elle m'a vendu.

GASPARD.

Mais c'est assez juste.

LE COMTE.

Et elle refuse de me l'apporter à mon logement.

GASPARD, *sautant.*

Elle ne veut pas aller à votre logement ? Oh que je l'y ferois bien venir, moi.

LISETTE, *l'imitant.*

Oh que non ; vous ne m'y feriez pas aller.

GASPARD, *la menaçant de sa canne.*

Tu te moques de moi, friponne.

LISETTE.

Allons, laissez-moi.

LE COMTE.

Laissez là cette pauvre petite ; ne la faites pas pleurer.

GASPARD.

Ne l'écoutez donc pas ; je la connois. C'est un diable.

LISETTE, *le contrefaisant.*

Que vous importe.

LA GUERRE ET LA PAIX,

GASPARD.

Attends, attends-moi, corbleu.

LE COMTE, *à Lisette.*

Venez ici; ne craignez rien.

LISETTE, *au Comte.*

A propos, où est le sequin?

LE COMTE.

Je vais te le donner; nous verrons si tu tiendras parole.

GASPARD, *se mettant entre deux.*

Ne le lui donnez pas.

LISETTE, *à Gaspard.*

Et que vous importe à vous?

LE COMTE, *à Gaspard.*

Tiens, prends. (*il étend la main pour le donner à Lisette; Gaspard veut l'en empêcher; Lisette lui fait faire une pirouette, prend le sequin et s'enfuit.*)

SCÈNE VI.

LE COMTE, GASPARD.

GASPARD.

Lui avez-vous donné le sequin?

LE COMTE.

Sans doute.

GASPARD.

Vous jetez l'argent par la fenêtre.

LE COMTE.

M. Gaspard!

GASPARD, *continuant.*

Et moi, fait comme me voilà, je parie faire encore courir les femmes après moi.

LE COMTE.

Elles n'auroient que cela à faire ; car tu ne courrois pas après elles.

GASPARD.

Je ne rirois pas à vos dépens, en vous voyant les poursuivre toutes, sans jamais en attraper une. Ah, le novice !

LE COMTE, *impatienté.*

M. Gaspard !

GASPARD.

Ne croyez pas m'intimider par vos menaces. Je me battrai aussi bien qu'un autre.

LE COMTE.

Je ne me bats pas avec un invalide.

GASPARD.

S'il me manque une jambe, j'ai encore de bons bras ; nous nous battrons aux pistolets.

LE COMTE.

Oui, après la campagne nous nous reverrons.

SCÈNE VII.

GASPARD, *seul.*

IL croit peut-être me faire peur. Oh ! nous en avons bien vu d'autres ; j'ai eu vingt-sept duels dans ma vie, et pour une jambe de bois on ne me verra pas reculer. Gaspard sera toujours Gaspard. Mais voici Saint-Faustin ; il paroît bien agité.

SCÈNE VIII.

GASPARD, SAINT-FAUSTIN, LE COMTE.

SAINT-FAUSTIN.

Puis-je croire que Florinde...

LE COMTE.

Oui, j'ai vu don Egide passer avec sa fille. Elle étoit pâle, triste! et si intéressante, malgré son chagrin.

SAINT-FAUSTIN.

Comte, quel plaisir prenez-vous à aigrir ma douleur?

LE COMTE.

Êtes-vous réellement amoureux? Mais pourquoi diable aussi prendre si mal votre temps! C'est vrai, cela; vingt femmes se disputent sa conquête; il a la fantaisie de s'adresser à la fille du plus obstiné des pères.

SAINT-FAUSTIN.

Comte, parlez mieux de don Egide.

LE COMTE.

J'en dirai tout le bien du monde quand nous l'aurons vaincu. Mais je voudrois te voir plus de philosophie.

GASPARD.

Allons, courage. La fumée du canon chassera celle de l'amour.

SAINT-FAUSTIN.

Quand il en sera temps, je ferai mon devoir.

GASPARD.

Eh bien! tu n'as pas un instant à perdre. Les artilleurs sont prêts; les échelles sont préparées. Dans un moment on doit donner l'assaut.

ACTE III, SCÈNE VIII.

LE COMTE.

Aidez-moi donc, Gaspard, à consoler ce pauvre Chevalier.

GASPARD, *à Saint-Faustin.*

Allons, camarade, que veux-tu que l'armée pense de toi? Tu es jeune, tu es amoureux, rien de mieux; mais tu es militaire, rien de plus beau; je m'en souviens; j'ai soupiré aussi dans mon temps; mon cœur battoit pour les belles, mais le tambour battoit plus fort; au premier signal, plus d'amourettes; je partois; il falloit me voir; fais ce que j'ai fait; l'amour quelquefois, toujours ton devoir; le premier rendez-vous d'un soldat, c'est une bataille; mon ami, c'est une bataille.

SAINT-FAUSTIN.

Une leçon, M. Gaspard? Celle-ci n'est pas la première; en temps et lieux vous m'en ferez raison.

GASPARD.

Oui, quand tu voudras: les duels ne me font pas peur; une, deux... A propos, M. le Comte, je me souviendrai aussi de vous.

LE COMTE.

Sans doute; mais, pour le moment, soyons amis.

SCÈNE IX.

Les précédents, FABRICE.

FABRICE.

Aux armes! aux armes! (*le tambour bat un rappel.*)

SCÈNE X.

Les précédents, FERDINAND.

FABRICE, *aux officiers.*

Messieurs, le commandant invite tous les officiers à se rendre sur le champ au quartier-général, pour assigner à chacun son poste dans l'attaque. (*tous les officiers sortent.*) (*à Ferdinand qui veut suivre les autres.*) Vous, Ferdinand, le général vous ordonne d'aller prendre position avec votre compagnie dans le petit bois qui avoisine l'autre porte du château, afin d'arrêter l'ennemi dans le cas où il voudroit tenter une sortie pour nous tourner.

FERDINAND.

C'est une injustice.

FABRICE.

De quoi vous plaignez-vous ?

FERDINAND.

Quand les autres vont à l'assaut, pourquoi me destine-t-on à la garde d'un bois ? n'ai-je point donné des preuves d'un courage suffisant, pour m'adjoindre à cette entreprise ? Saint-Faustin est moins ancien capitaine que moi, pourquoi lui accorde-t-on la gloire de se trouver à la tranchée ?

FABRICE.

Je ne pense pas comme vous, Ferdinand ; le commandement d'un poste me paroît plus honorable que l'escalade des murs d'une place.

FERDINAND.

Le plus grand honneur a toujours été où il y a le plus grand péril.

ACTE III, SCÈNE X.

FABRICE.

Le général a pour vous beaucoup d'estime, et il a cru vous le prouver en vous donnant cette commission.

FERDINAND.

Je ne me plains pas du général.

FABRICE.

Et de qui donc?

FERDINAND.

De Saint-Faustin, qui a sans doute intrigué dans le dessein de l'emporter sur moi.

FABRICE.

Ecoutez. Saint-Faustin aime Florinde, qui fut conduite dans la forteresse, il y a peu de moments, par son père. Pensez-vous qu'il ait pu solliciter l'avantage de courir au devant d'elle l'épée à la main?

FERDINAND.

Ce que vous dites-là est-il vrai?

FABRICE.

L'exacte vérité.

FERDINAND.

Cette assurance me donne la force d'exécuter les ordres du général avec moins de regret. Mais le voici.

SCÈNE XI.

Les précédents, LE GÉNÉRAL, LE COMTE, SAINT-FAUSTIN et SOLDATS. (*on bat au champ.*)

LE GÉNÉRAL.

BRAVES amis, un courrier que je viens de recevoir de notre souverain, m'apprend que la paix est signée.

TOUS.

Bravo, Général.

LE GÉNÉRAL.

Cette forteresse nous est cédée par le traité ; et l'on m'ordonne d'accorder au brave gouverneur qui la défendit avec tant de courage, tous les honneurs qu'on lui doit. Je l'ai fait prévenir, il va se rendre ici. O douce paix ! nous t'obtenons des mains de la victoire, et l'humanité sourit à nos triomphes.

TOUS.

Vive notre Empereur.

SAINT-FAUSTIN, *à part.*

Le ciel a exaucé mes vœux.

LE GÉNÉRAL.

Fabrice, je vous charge de faire soigner les blessés.

FABRICE.

Vos ordres seront exécutés ponctuellement.

SCÈNE XII.

Les précédents, excepté FABRICE.

LE GÉNÉRAL.

Et vous, Saint-Faustin, je vous confie l'honorable commission de porter les articles du traité aux braves défenseurs de la forteresse. (*il lui remet un papier.*)

SAINT-FAUSTIN.

Ordre chéri, moment heureux ! ô ma chère Florinde ! (*il sort.*)

SCÈNE XIII.

Les précédents, excepté SAINT-FAUSTIN, GASPARD et POLIDOR.

POLIDOR, *tristement, au Comte.*

Est-il vrai, M. le Comte?

LE COMTE.

Demandez au général.

LE GÉNÉRAL.

Voici la dépêche qui en a apporté la nouvelle au camp; mais il y en a une autre qui vous regarde personnellement.

POLIDOR, *confus.*

C'est très bien.

LE GÉNÉRAL.

Je reçois un ordre de la Cour qui m'enjoint de vous destituer de votre emploi.

POLIDOR, *avec un grand déplaisir.*

C'est très bien !

LE GÉNÉRAL.

Et de plus, de vous faire rendre vos comptes, et de vous tenir en séquestre, jusqu'à ce qu'ils soient apurés.

GASPARD, *contrefaisant Polidor.*

C'est très bien !

LE GÉNÉRAL.

J'ai chargé Emmanuel du service général; c'est un fournisseur dont la probité ne s'est jamais démentie; c'est un homme rare; il a ma confiance, et jouit de l'estime de toute l'armée.

SCÈNE XIV.

Les précédents, ASPASIE.

ASPASIE.

Ah ! Général, je viens d'apprendre la disgrace de mon père.

LE GÉNÉRAL.

Vous n'êtes pas responsable de la conduite de votre père ; je sais que vous n'y avez eu aucune part, je penserai à vous pourvoir. Ferdinand vous aime....

POLIDOR.

Mais, Général.

LE GÉNÉRAL.

Taisez-vous.

ASPASIE.

Que de graces ne vous dois-je pas !

SCÈNE XV.

Les précédents, FERDINAND.

LE GÉNÉRAL.

Ferdinand, je vous ai empêché de monter à l'assaut.

FERDINAND.

Je m'en suis plaint, Général.

LE GÉNÉRAL.

Je le sais ; pour vous dédommager, j'assure votre fortune, et je vous donne la main d'Aspasie.

FERDINAND.

Que de bontés !

LE GÉNÉRAL.

M. Polidor lui assurera une bonne dot sur les biens qu'il ne sera pas forcé de restituer.

POLIDOR.

Général, c'est très bien, c'est très bien. (*on bat au champ.*)

GASPARD.

Général, j'apperçois le gouverneur de la citadelle.

SCÈNE XVI.

On sonne de la trompette au château, d'où descendent don ÉGIDE, FLORINDE, SAINT-FAUSTIN. (*Les tambours font un roulement, et les trompettes sonnent une fanfare.*)

don ÉGIDE.

Général, je me réjouis de pouvoir vous saluer avec le titre d'ami.

LE GÉNÉRAL, *lui tendant la main.*

Plus votre valeur m'est connue, et plus ce titre me devient cher.

don ÉGIDE.

Je vous présente ma fille.

LE GÉNÉRAL.

Je la félicite d'avoir un père aussi brave.

don ÉGIDE, *montrant Saint-Faustin.*

Et je vous présente aussi celui que je lui destine pour époux.

LE GÉNÉRAL, *à Saint-Faustin.*

L'épouse que vous choisissez est digne de vous.

SAINT-FAUSTIN.

Votre approbation ajoute à mon bonheur.

LA GUERRE ET LA PAIX,

LE GÉNÉRAL.

Je m'en occuperai; ne songeons plus qu'à célébrer les avantages que va nous procurer cette paix si desirée, et obtenue par le plus grand des héros.

SAINT-FAUSTIN.

Sommes-nous amis, Gaspard?

GASPARD.

Ami avec toi, avec lui, avec tout le continent. Vive la paix! vive la paix!

VAUDEVILLE.

I.

ASPASIE.

Si l'amour, l'hymen tour à tour,
 Sont assez mal ensemble,
C'est que tout seul contre l'amour,
 L'hymen s'enfuit et tremble.
  Mettons de moitié,
  La tendre amitié,
 L'estime et l'art de plaire.
  Enchainés soudain,
  L'amour et l'hymen
 Ne seront plus en guerre.

II.

FERDINAND.

Il est, je dois en convenir,
 Une guerre agréable;
Amis, c'est celle du plaisir
 Qui nous invite à table.

ACTE III, SCÈNE XVI.

On s'excite, on rit,
Esprit contre esprit,
Et verre contre verre.
Là les ennemis
Deviennent amis,
Oh! quelle aimable guerre!

III.

LE COMTE.

Entre le joueur et le jeu,
Lorsqu'un combat s'engage,
Le joueur éprouve avant peu,
Plus d'un désavantage.
Il lutte un instant,
Gagne un coup brillant,
Il redouble, il espère.
Puis en enrageant,
Laisse son argent,
Pour les frais de la guerre.

IV.

GASPARD.

Dieu d'amour, on m'a vu long-temps,
Soldat dans ta milice;
J'ai même, jusqu'à cinquante ans,
Prolongé mon service.
L'âge m'a vaincu,
Je suis revenu,
Des combats de Cythère.
Goutteux et perclus,
Moi je n'y fais plus
Que la petite guerre.

V.

POLIDOR.

Deux empereurs en s'embrassant
 Ont déposé les armes ;
Mais cette paix qui vous plaît tant,
 Pour moi n'a pas de charmes.
  Plus rien à fournir,
  Plus rien à nourrir,
 Plus de gain usuraire,
  Au diable la paix,
  Seul chez les François,
 Je dis : vive la guerre.

VI.

SAINT-FAUSTIN.

Prouver sous le poids des lauriers,
 Que c'est la paix qu'il aime,
Tel est, du plus grand des guerriers,
 Le sublime système.
  Ce roi conquérant,
  Fait en ce moment
 Dire à l'Europe entière :
  Le chef des François
  Sait faire la paix
 Aussi bien que la guerre.

VII.

FLORINDE, *au Public.*

Un auteur a tout à risquer,
 On conçoit ses alarmes ;
Car les censeurs pour l'attaquer
 Sont toujours sous les armes.

ACTE III, SCÈNE XVI.

Voici le moment,
D'être bienveillant :
Oui, messieurs du parterre,
Soyez bons François ;
Quand on fait la paix,
Ne faites point la guerre.

FIN.

www.ingramcontent.com/pod-product-compliance
Lightning Source LLC
LaVergne TN
LVHW022128080426
835511LV00007B/1075